Hanspeter Rings

EINEN ERDWURF WEIT

Aphorismen

ℰ𝒰 **edition ungrad**

Titelbild:

›Aus dem Nichts‹ (1992/93) von Hubertus von der Goltz. Aluminium, farbig gefasst, Höhe der Figur 205 cm, Länge des Metallträgers 2416 cm. Geschenk von Hans Bichelmeier an die Mannheimer Kunsthalle (Leitung Prof. Dr. Manfred Fath); installiert am First des Gebäudes. Nach einer Fotografie von Margita Wickenhäuser.

© VG Bild-Kunst, Bonn 2001

© 2001   ꂈU **edition ungrad**/hanspeter rings
Mannheim
rings.hanspeter@t-online.de
Umschlagsgestaltung und Layout:
Marcus Bela Schmitt
winter-mute@gmx.de
ISBN 3-8311-1927-9
Herstellung: Books on Demand GmbH

Aber bedenke er auch, was das menschliche Herz wäre, wenn au-
ßerhalb seiner, draußen, an irgend einem Platze der Welt Gewißheit
entstünde; letzte Gewißheit. Wie es mit einem Schlage seine ganze
in Jahrtausenden angewachsene Spannung verlöre, eine zwar immer
noch rühmliche Stelle bliebe, aber eine, von der man heimlich er-
zählte, was sie vor Zeiten gewesen sei. *

Rainer Maria Rilke

*Aus: Über den jungen Dichter. In: Wieviel Pracht in kleinsten Dingen ...
Gedanken und Betrachtungen von Rainer Maria Rilke.
Hrsg. von Jost Perfahl. München 1997, S. 32.

Vorwort

Schlenderte ich durch die Regale einer Buchhandlung – da geschah es, dort stand er! Wer? Mein erster Aphorismenband ›Hanspeter Rings: Knapp über der Erde‹, 1997 frisch herausgekommen. Hatte ihn ein gütiger Buchhändler doch tatsächlich aufgestellt, indes mit leicht alphabetischem Freiheitsgrad, nämlich zwischen Ringelnatz und Rilke.

Als ich mich ob dieser Überraschung wieder gefasst hatte, kam ich zu dem folgenden Schluss, der sich bislang als durchaus weitsichtig erwiesen hat: Da ich unter solch ehrwürdiger Gesellschaft so bald gewiss nicht wieder zu finden sein würde, wäre es doch angebracht, die beiden mich umrahmenden Klassiker kurzerhand zu erwerben – quasi zum Andenken daran, wo ich einmal stand. Schon trug ich stolz ›Kuttel Daddeldu‹ von Joachim Ringelnatz und von Rainer Maria Rilke ein Brevier mit dem Titel ›Wieviel Pracht in kleinsten Dingen...‹ nach Hause. Ja, der Kauf sollte sich lohnen – fand ich in dem Rilke-Band doch jenes Wort, das der heutigen Sammlung vorangestellt ist, und welches in etwa besagt: Dass wir Wesen der Ungewissheit sind, aus der jedoch zugleich so etwas wie der Zauber unserer Existenz strömt.

Und mit unserer Existenz, mit unserer Vergänglichkeit hat auch der Titel ›Einen Erdwurf weit‹ des vorliegenden Bandes zu tun. Wie ich auf ihn kam? Nun, eines Tags, nach einigem Hin- und Herwenden diverser Titel-Ideen, tauchte er plötzlich auf – exakt einen Tag, bevor eine mir nahe stehende Person verstarb, wovon ich allerdings nicht die geringste Vermutung haben konnte. So stand ich also am Grab und warf eine Schaufel Erde auf den Sarg. Den Titel machte es mir um so zwingender: Sei mit ihm nun die Schaufel Erde überm offenen Grab oder der ins All geworfene Erdplanet gemeint oder beides zugleich. Immerhin sind wir zunächst einmal Menschen dieser Erde - was Mensch auch sei -, Menschen, denen außer Teilen ihrer Endlichkeit letztlich nicht viel aufgeschlossen ist: Irgendwo auf einem vergänglichen Planeten umhertreibend im Universum – das vielleicht nicht einmal das einzige ist ...

So kreisen die Aphorismen - einer langen Abkunft menschlichen Denkens verpflichtet - vor allem um die Frage unseres Daseins, handeln vom Menschen und vom Selbst: Von dem Menschen, der mit beiden Beinen im Sein und von jenem, der im Sein und Nicht-Sein zugleich stehen mag. Ersteres findet sich in den Kapiteln *Mensch 1 bis 4* und letzteres in *Selbst 1 bis 3*. Doch, wie hier keine stringente Wahrheit vorgestellt wird, so auch keine zwingend aufeinander aufbauende Entwicklung des Gedankens. Vielmehr fallen sich die Sätze auch schon mal ins Wort. Dafür sind auch ungewöhnliche Fragen zugelassen, die den Leser bisweilen wie in eine Art Steinbruch aus dem Land von Idee und Wort führen; auf dass er etwas finden mag, was ihm lebens-, womöglich sterbenspraktisch nützlich sein könnte. Jedenfalls, dies vielleicht als ganz persönliche Wegmarke, liegt die Sympathie des Verfassers aufseiten eines Kontinuums von Sein und Nicht-Sein – hier auch Selbst genannt.

Bedanken möchte ich mich für die Förderung dieses Buches bei Dr. Carl-Heinrich Esser und Hans Bichelmeier. Den Text lasen vorab Dr. Martina Fuchs und Dieter Wolf.

Inhalt

Mensch 1

Wenn der Kreis schlecht träumt – er als Planet durchs Weltall schießt?

Nicht durchs Weltall, durch unsere Köpfe schwirren vollkommene Kugeln.

Erdbewohner sich eine Logik runden, als wären sie linear.

Das Rund schon recht verwinkelt war.

Kein Kopf ist nur rund.

Der Kreis nahezu penetrant rezitierte, am Ende doch alles gut sei.

Schon vor dem Wissen vom Erdrund zog das Leben seine Kreise.

Es fällt uns oft schwer, unsere Lebenskreise zu verlassen; indes, wer hätte die Kreise des Lebens je gelassen ...

Der Untergang wäre nicht so leicht, trüge er nicht das schwere Gepäck zum Aufgang bei sich?

Es war ein Untergang, doch keiner merkte es, denn es war ein Gang.

Die ringen – dem Kreislauf entkommen?

Selbst das Grab muss bisweilen ausgetauscht werden.

Wiederlich ...

Hin und – wieder ...

Wir bringen uns zu Tod, nur der gerechte Tod bringt uns glatt zurück.

Der Tod raubt die Flügel, aber nur, wenn dort keine sind.

Die Sonne ist nicht so perfekt, dass sie sich nicht um und um hinter der Erde versteckte.

Das Vollkommene an der Zahl Pi – dass sie nicht vollkommen ist ...

Dass die Erde flach sei – könnte der Traum eines ins Rotieren geborenen Klumpens sein.

Aus der erdigen Ursuppe vor dem Klar- der Trübsinn aufsteigt?

Der Trübsinn sich oft klar, der Klarsinn sich trüb ist.

Der See verliert einiges an Klarheit, wenn man in ihn eintaucht.

Dass wir in einem Ozean hausen, über dessen Rand der Tiefsinn kaum hervorzulugen vermag?

Wer auftaucht, den umfasst noch immer das Meer.

Der Mensch ist auch eine Funktion seines Wissens, selbst wenn dieses nicht funktioniert.

Noch für das mathematische Kalkül gilt, dass es besser ist, es zu verstehen als zu beherrschen.

Genauigkeit in der Idee taugt zur Annäherung an die Realität; Genauigkeit in der Realität zur Annäherung an die Idee.

Dass hinter dem Symbol Strukturen stecken, muss nicht heißen, hinter diesen nicht wieder Symbol steckte ...

Die Geburt der Schrift jenes war, was sich nicht sagen ließ?

Erst der Laut, der in den Spiegel blickt, erkennt seine Risse.

Steine seien tot, doch aneinander geschlagen klingen sie.

Die Wurzel aus Zwei(en) Vernünftiges hervorbringt?

Schattenlos hätte sich das Licht nicht zu Wort gemeldet.

Es gibt eine seltsame Heimeligkeit, mit der sich
die Einsamkeit in die Zweisamkeit zu verkaufen sucht.

So gibt es eine Eigen-tümlichkeit, die nie fremd wirkt.

Es gibt Welten, so abgerundet, dass die Ecken schon wieder hervorscheinen.

Manches ist derart eingehend, dass der Ausgang verwehrt bleibt.

Von sich ausgehen, ohne je in sich zu gehen?

Wir gehen am besten von uns aus, wenn wir durch uns hindurchgehen.

Ein recht fraktales Wesen scheint die Wirklichkeit zu sein: ist die jeweils eigene doch stets um einen Deut wirklicher.

Eine neue Welt gewöhnlich schon hinter unserem Rücken beginnt.

Die Welt ist nicht gerade genug, dass wir zum Wohlklang nicht einen Bogen schlagen müssten.

Die Kehle, erster Prüfstein auf Offenheit.

Die Lebensspanne in Spannung halten.

List des Lebens ist, sich gegenüber dem Wollen unwollend
zu stellen.

Die Sucht nach dem langen Leben doch die nach dem langen Moment ist.

Das Leben schaute aus seinem Kopf hervor – sich beinhaltende Unendlichkeiten nicht gleich unendlich wären?

Nur deshalb das Leben nicht permanent zu Tode schreckt,
weil es uns derart vertraut ist?

Das Ungewöhnliche ist, dass wir in einer gewohnten Welt
des Ungewohnten leben.

Schon mancher wuchs im Bewusstsein der Unsterblichkeit auf und starb ab in dem der Sterblichkeit.

Mit der Jugend hat es ein fatales Geschick, erkennt sie sich doch nur als Ältere.

Der Anfang beschönigt oft allzu lange das Ende, dieses den Anfang.

Der Mensch sich für ein derart hohes Gut hält, es nach seinem Zerfall noch Abnehmer dafür geben soll ...

Selbst die geometrische Bestimmung des Sargs kommt an der irrationalen Zahl nicht vorbei.

Es gibt ein Lächeln um die Vergangenheit, das freudig gegenwartsbezogen ist.

Das Heimatrund birgt eine Begrenzung, die den Charme des Grenzenlosen verspricht.

Unser Horizont erweitert sich ja nicht nur in die Ferne.

Die Erde womöglich nichts anderes ist – als ein Garten in seiner Begrenzung aufs Universelle.

Mensch 2

Dass wir die Hände aus unserer Existenz freigeschaufelt haben, etwas fassen zu wollen, das sich so kaum fassen lässt ...

Die Hände des aufrechten Gangs greifen ja durchaus ins – Leere.

Der in Wolken greift, mit dem Kopf mitten drin ist.

Wolken sprechen auch davon, dass der Himmel sich bewegen kann.

Der Dunst auch Ausstrahlung der Sonne ist.

Dass die Begründung des Menschen der Mensch ist, dürfte zwei Fußangeln zumindest haben.

Himmelwärts auch die Hölle lauert, könnte schon der aufrechte Gang lehren.

Das Leben häuft immer wieder Probleme an, als wären wir ein Problem.

Die Natur des Menschen doch ist, sich stets zu ersetzen; warum sich also wundern, von der Natur ersetzt zu werden ...

Der Mensch hat einen Stern, der mit der Erde nicht kollidiert?

Den Einfall sie schon längst ins Kriegerische gewendet hatten.

Wir folgen schließlich auch unseren Gedanken, wenn wir verfolgen.

Der Verdacht nicht ausschließen konnte, dass er verdacht war.

Das Zurecht schon arg nach Unrecht schielt.

Fehlt das Vermögen, sich im Zweck um des Zweckes willen zu verlieren, hält man sich an den Zweck.

Kein schlimmerer Kenner als das Kennen.

Es ist nicht die Kritik, sondern Unkritik, die meist herbeikritisiert wird.

Wir fallen uns ins Wort und versinken darin unwiederbringlich, wenn auch – widerbringlich.

Beste Kritik wäre, sich selbst - besser: Selbst - im Gegenüber zu kritisieren.

Wider und wider nahm er sich vor, der Beste zu sein, was klappte da nur nicht?

Immer wider ...

Widerstände sind ja nun mal ständig.

Wider-holen wäre doch auch eine nette Repetition.

Worauf wir vertrauen, weniger ein Wieder- denn Widererwachen zu sein scheint.

Von der ewigen Wider-kunft des Gleichen …

›Aller-dings‹ nicht nur Wider-, sondern auch Wiederwort ist.

Die Gegenwart als Gegen-wart allzu konträr gerät.

Wir verscharren in die Jahre eine Gegenwart, die am Aufer-stehen doch nicht zu hindern ist.

Unter den Verschiedenen es einen tödlichen Unterschied
gab.

Himmel können nicht stolpern, außer über die Erde.

Besonnenheit ist ein lichtes Geschäft.

Niederschlag auch mit Regen zu tun hat.

Oberflächlich wie wir sind, schöpfen wir noch immer aus
der Tiefe des Regens.

Im Grund, den's dummerweise nicht geben mag, sind alle
Menschen gleich.

Wohl mögen unsere Grundstücke grundlos, kaum aber
grund-los sein.

Das Besitzergreifen die Hand nicht sprengen sollte.

Wir nur annähernd so viel besäßen, wie wir stets zu verlieren glauben.

Frei-haben-zu-Können, wäre schon besondere Verurteilung zum Besitz.

Sachlichkeit ist nicht lächerlich, denn Sachen lächeln dort nicht.

Was leicht wiegt, verstellt sich gern.

Es gibt eine Lässigkeit, die lässig unlässig ist.

Seine Aufgesetztheit saß dort, wo sonst nichts saß.

An der Oberfläche Gewicht geübt wird, nicht aber in der Tiefe Oberfläche.

Den Namen ins Zentrum stellen, heißt nicht, ihn dort finden.

Gibt's welche, die ihre Hoffnung so sehr im Äußeren tragen, dass im Inneren nur noch gehofft werden kann.

Die Sucht nach Anerkennung lässt das Erkennen oft unbeachtet.

Ihre Suche nach Anerkennung stieß – an.

Vom festen Raum: Man denkt - an - alles Mögliche.

Vom kaum wahrgenommenen Alltagsreiz des Aus-dem- bzw.-in-den-Raum-Tretens.

Dass wir den Raum wechseln, sollte uns angesichts vielfacher Alltagserfahrung so fremd nicht sein.

Vor Unwettern suchen wir den – Raum ...

Der Raum gibt uns ein privates Geheimnis, das doch sein eigenstes ist.

Warum ist in diesem seltsamen Raum Hintergehen nur so schlimm?

Wir graben uns Höhlen nach wie vor, und sei's im Schacht des Ungewissen.

Graben können wir ja soviel, wie wir wollen – wenn dort ein Gehirn zum Vorschein kommt, ist's doch nur ein Grab.

Tor wie Geist nicht zu fest im Scharnier sitzen sollten.

Ein- und Ausgang in eins – Alltagschiffre aufs Selbst?

Kaum ein Glück, kaum ein Leid, das nicht in Verbindung zu Ein- und Ausgängen zu bringen wäre.

Ist der Tod nun Aus- oder Einfall?

Geister gibt es nicht, natürlich nicht ...; doch immerhin, sie erscheinen aus dem Nichts und gehen in dieses wieder ein – eigentlich wie wir.

Ausschreitung könnte freiestes Wort sein.

Anziehendes verhüllt sich.

Das Halbverborgene reizt, wie der Geist, der nur einen Schimmer freigibt.

Ein Schimmer des Lichts ja oft heller strahlt.

Selbst 1

Selbst 1

Das Grauen des Morgengrauens Licht ins Dunkel bringt.

Die Sonne geht – auf ...

Beim Aufbruch geht's ja womöglich auch in die Tiefe.

Aufrichtig – auf-richtig sein sollte.

Aufsicht gleich Auf und Sicht ...

Auffallen könnte Wundersames meinen – als Synthese von Auf und Fallen.

Das Licht einer untergehenden Sonne den Gegenstand wie im Aufgang zeigt ...

Der neue Tag immerhin mit einer alten Sonne beginnt.

Etwas öffnen, wo's nicht mehr hingeht ...

Der Vorwärtspfeil des ›nach‹ gleichso nach hinten weist.

Wir denken nach, die Frage wäre, hinterher oder
hinterher ...

Von zwei Nebeneinander-Spuren, die sich endlich
treffen, deren dritte ins Unendliche weist?

Wenn zwei sich beobachten, sollte es ein Drittes doch
geben.

Die Gerade bietet auch ungeraden Zahlen Heimat.

Die Geraden toter Augen sich in einem fern-unendlichen Punkt kreuzen sollten?

Der zerstreute Blick sich seltsam hinter den Augen sammelt.

Mit dem Hinterkopf sehen wir noch am besten nach vorne.

Das Vor-bild wirkt unsichtbar.

Wir verwesen, und das Verrückte ist: bestenfalls schon bei lebendigem Leib.

Was wäre der Geist ohne sein Sterben, ja: und umgekehrt ...

Die große Frage ist immer, was kommt – Jetzt ...

Zu früh, zu spät können wir sein, doch zu – gegenwärtig?

Von der Größe des All-tags.

Der Alltag zieht uns in einen Moloch der Geschäftigkeit;
der All-tag in eine Geschäftigkeit der Ruhe.

Die stete Prüfung ist der All-tag im Alltag.

Das Jeden-falls jedenfalls allgemeiner ist denn oft ange-
nommen.

Die Welt ist so schnellläufig, dass das › Wir sind‹ doch eher
ein › Wir waren‹ – ist.

Es wäre doch ver-rückt, dass gleich etwas ist, das sogleich
nicht mehr – ist.

Sein Gegenüberwesen töten, um zu leben; und aus dieser
Vereinigung sich im Selbst zum Mit-leid entwickeln – heißt
Verwicklung ...

Wesen, die sich selbst fressen – im Selbst überdauern
könnten ...

In uns stopfen wir das Leben, das als - Leben - aus uns
spricht?

Was den Menschen ausmacht: Vom Leben zu leben und zu
über-leben?

Überleben ist die Basis von Kultur, über-leben von ...

Das Böse dreht sich einmal um sich Selbst und kommt sich
schon ganz gut vor.

Der Himmel unterscheidet nicht nach ›Gut‹ und ›Böse‹,
sondern nach ›Gut und Böse‹ und ›...‹.

Die Harmonie ist leer, weil sie das Böse nicht kennt, das doch auch nur harmonisch sein will.

Worauf sich unser Auge noch am wenigsten richtet, nämlich uns selbst - besser: Selbst -, das wollen wir schon gar nicht übersehen.

Wenn wir uns in uns Selbst zurückziehen, ist der weiteste Weg zugleich der kürzeste.

Was treibt die Vollendung denn nun mit sich - Selbst -, ohne sich wiederholen zu wollen?

Das Selbst bleibt sich gleich, aber das, was es hervorbringt, erzeugt einen je speziellen Ton.

Selbstdenker nur mitunter Selbst-denker sind.

Selbst-redend ...

Selbst-sicher ...

Selbst – ist der Mensch ...

Wie von – Selbst ...

So gibt's eine Dauer, die sich im Moment nur fassen lässt;
einen Moment, der sich auf Dauer nicht fassen lässt.

Was sind dies für Augen – die im Augenblick aufblitzen?

Auch Augenblicke eine Art Hintergrundstrahlung sind?

Dass wir nicht recht sehen ..., weil wir an die Nebelgrenze
eines Augenblicksuniversums stoßen?

Der Urknall – übergroßer Versuch des Seins, sich als geschaffen zu verstellen?

Was, wenn die Welt auch nur eine Fußnote auf den Haupttext wäre?

Was, wenn Gott mehr Gefallen an der Frage als an der Antwort hätte?

Der taghelle Himmel auch nur winziger Schein vor einem riesigen Dunkel ist.

Sie könnte eine der dunkelsten Illusionen sein – die uns vorgaukelt, am Tageslicht zu sein.

Kälte in der Wärme empfinden, deren Erkalten wärmen zu können.

Schönste Poesie wärmt kalt.

Die Bildersprache der Poesie verträgt Absicht am wenigsten, Ab-sicht am ehesten.

Beste Absicht ist, wenn man davon absieht.

Die Form entsteht dem Augenblick, der um den Inhalt weiß.

Das poetische Wort ist das noch und schon nicht mehr zeitgebundene ...

Die Musik will etwas sagen, das Wort etwas musizieren – und beides gelingt nicht recht.

Im Klang Bedeutungsreichtum, in der Bedeutung Klangreichtum suchen.

Ein Vorwort wäre schon etwas Besonderes als – Vor-wort.

Kaum Äußerlicheres als die In-formation.

Das im Weißen steht und mit schwarzen Buchstaben doch nur unvollständig auszufüllen ist ...

Wir winden uns tagtäglich ins Leben, das sich als - Leben - doch entwinden will.

All dem, das wir für wertlos erachten, sollten wir einen Gedankenstrich zum wert-los gönnen.

Der gerade Lebenslauf neigt nicht selten dazu, sich vom - Leben - abzuwenden.

Wenn das Leben sucht, sucht es ja nicht nach dem, was es ihm vorenthält.

Was wir leben – oft wie ein Schatten ist, dem die Sonne fehlt.

Fast alles lässt sich bezaubern, wenn ... – man das Wenn einmal weglässt.

Wir leben uns auseinander: das Leben und das – Leben.

Vielleicht ist es Anfang, vielleicht Ende – nie weiß man es so genau; doch, dass Anfang und Ende streng unterschieden sind, daran glaubt man fest.

Wo Anfang und Ende aneinander vorbeischrammen, dort haust das Leben; wo nicht, das – Leben?

Wie unser Leben ohne Hilfsmittel schwerlich auskommt, es Hilfsmittel sein sollte zum – Leben?

Wenn das Leben zum Erlebnis wird, muss es da ja offensichtlich noch etwas anderes geben.

Es sind die Erlebnisse, die den Tod zum - Leben - hin markieren.

Reichtum, den wir in der Ferne suchen, hält sich in der Nähe gern versteckt.

Das Nahe-Bringen nicht selten eine ferne Gabe ist.

Kaum Unverständlicheres, das uns verständlicher erschiene, als das Leben, gar – Leben.

In das tiefste Grab fallen Leichen des – Lebens.

Das einzige, was in den Tod hinüberhilft, Lebens-hilfe ist.

Wir sind zum Loslassen geboren – spätestens, wenn zum Ende hin das Los des Lassens wieder einmal gewinnt.

Selbst 2

Die Stille, die wir suchen, an das Fruchtwasser des tiefsten Ozeans erinnert?

Wenn das Sein die Stille sein sollte, so sind wir zweifellos nicht.

Das Leben ist vielleicht nur deshalb so lärmig, weil es die Stille zum - Leben - für die Frist eines Lebens verloren hat.

Etwas sein wollen, will das Sein eben nicht.

Die Liebe ruft nach Sein, das Sein nach Liebe ...

Die Frage nach dem Freitod vor allem eine der vorgeburtlichen Art sein könnte.

Vielleicht sollte uns das Scheinleben ja zumindest soviel ängstigen wie der Scheintod.

Die Gefahr tötet zuweilen auch dann, wenn man nicht in sie eintritt.

Es stünde in der eigenartigen Logik dieses Lebens, dass dann, wenn wir einiges noch, schon - Nicht - mehr zu sagen haben.

Zuweilen kommen wir auf nichts bzw. Nichts, unter dem aber exakt alles bzw. Alles liegt ...

So gibt's durchaus Symbole auf das Alles/Nichts – jene nämlich, die stets alles/nichts wissen.

Tat einer so, als wüsste er – Nichts.

Nichts ragt mehr in unser Leben als das Nichts – und scheint doch so unsichtbar.

Im Mangel erhält das Nichts allerdings eine besondere Farbe.

Kern des Nichts – Ich?

Oft sind wir ich-bezogen, als könnten wir uns damit in uns Selbst ziehen.

Wir sagen ›Wir‹ und meinen meist ›Ich‹ ; ›Ich‹ sagen wir und meinen selten ›Wir‹.

Wir haben eigentlich nichts zu bieten als uns Selbst, und sei's in einem Kunstwerk namens Ich.

In ein Grab schauen wir und nichts - besser: Nichts - schaut zurück.

Aus nichts etwas machen, ist ein Kunststück; aus Nichts – ist es Kunst.

Das Werkzeug ist uns gewöhnlich; dass ein Werk aus dem Nichts gezeugt wird, indes schon ungewöhnlicher.

Es ist der Nicht-Strich, der der Zeichnung ins Sein verhilft.

Nur aus dem Nichts lässt sich etwas bewirken,
und sei's ins – Nichts.

Wir stürzen in uns Selbst, und das Verwunderliche ist,
Nichts baut sich auf.

Nichts ahnend ...

Nichts sagend ...

Bleibt ›Alles‹ erhalten, vergeht ›nichts‹; bleibt ›Nichts‹ er-
halten, vergeht ›alles‹ ...

Der Tod Auf-hören ist?

Das Auge zwingend gebot, dass etwas dort hinge-höre.

Tiefster Sinn des Auges sein könnte, jenen Ton zu erkennen, der noch keiner ist.

Vorsicht ist recht verbreitet, Vor-sicht schon weniger.

Sagt das Auge uns Er-klär-ung?

Das Farbigste am Menschen ist das Auge.

Das Auge hebt sich tränenlos nur im Wasser auf.

Wunderlich, dass die Seele, woher sie auch kommen mag, immer wieder mal ein wässriges Auge auf sich wirft?

Aus dem Wasser kommen wir, und in ihm spiegeln wir uns zum Ich ...

In den Wassern trifft der Niederschlag sich – Selbst.

Die Kraft des Regens ist der Schauer.

In Windeseile das Blatt gemächlich seine Bahnen zog.

Was schwebt, das kriecht und fliegt zugleich.

Blätter, die sich ins Goldene wandeln – lösen sich.

Erst zum Ende ihres Lebens lernen Blätter das Fliegen.

Unerschöpflichkeit lässt sich nun mal nicht beim Schopf
packen.

Ein-fälle in Vielzahl sich ähneln.

Alles Mögliche wird ein-geschätzt und doch nur im Viel
verglichen.

So wundervolle Wesen sind wir, dass uns das Einteilen
- Verzeihung: Ein-teilen - schon gar nicht mehr wundert.

Wunder suchen wir, geheimnisvoll wie immer; nur, dass wir
das Wunder denken – kaum verwunderlich ...

Wie tief Vergessenes, das auftaucht, uns im Besonderen
wundert, das Wunder in Vergessenheit geraten ist?

Erinnern ist auch Innern.

Tiefste Erinnerung der Hand die Erde sein mag.

Den Fisch an die Luft zerren, ist brutal, wie den Gedanken aus der Erinnerung?

Das Neue am Altgedachten ist das eigenständig Gedachte.

Die Erfahrung, etwas so zu machen, wie es normalerweise nicht funktioniert, ist auch Erfahrung.

Erfahrung sieht die Patina am Neuen.

Kam ihm eine zündende Idee: Denken, das auf sich Selbst trifft, Funken schlägt ...

Das Wenn-es-sich-Ergibt eines der so erlesensten wie kostengünstigsten Güter ist.

Auch die Idee lässt sich am besten erfassen, wenn sie es am wenigsten erwartet.

Wir können nicht alles festhalten, was wir denken; schon gar nicht alles denken, was wir festhalten.

Be-geben-heiten könnten mit Nehmen weniger zu tun haben.

Die Wahr-nehmung oft zu fordernd ist.

Das Weglassen in der Regel um einiges mehr haftet.

Virtuosen des Sachverhalts halten nicht.

Porös wird Denken fest; fest wird es porös.

Das Sich-Gedanken-Machen ist schon der aktivierte Fehlschluss.

Maß-los Denken maßvoll wird.

Wir können uns viel vorstellen, einzig, dass es uns im Moment schon hintanstellt.

Beim Wegdenken ergibt sich das Hindenken auf direktem Weg.

Wegdenken auch Weg-denken ist ...

Absehen, um einzusehen; einsehen, um abzusehen.

Der verwischte Eindruck ist nun mal der ausgeprägteste.

Es ist der Schattengedanke, der das Schriftbild erhellt.

Die Kunst des Gedankens ist sein Passivecho.

Warum drei Seiten für einen Gedanken verschwenden, bess-
ser einen solchen für drei Seiten ...

Wir denken nach, nichts passiert, wir denken vor: passiert
Nichts?

Viele Worte um Nichts durchaus Sinn machen könnten.

Wort und Gedanke sind wie zwei, die all-ein doch so viel
mehr sein könnten.

Der Laut wirkt leise.

Wo der Verstand auf-hört, fängt er meist erst an.

Vom Gehör her betrachtet ist es kaum verwunderlich, dass die blindesten auch die lärmigsten Stimmen sind.

Nicht jede Blindheit hat die Chance auf den Augenblick.

Was statt-findet oft wenig bleibender Natur ist.

So gibt es eine Stufe des Gefallens, bei der die Illusion vorherrscht – der Rest aber real sein soll.

Das Vermögen zur Wirklichkeit ist die Illusion von dieser?

Die Wirklichkeit überschlägt sich leicht, wird sie nicht in der Mitte gehalten.

Wirklichkeit ist ein poröses Geschöpf, auf dessen Gitter man sich womöglich nur halten kann, wenn man hinein-stürzt ...

Wir halten Balance, wenn wir sie lassen ...

Der Schwerpunkt ist dort, wo es leicht – ist.

Von der Zweierwelt: eine des Haltens, eine des Lassens; eine dritte dort, wo's zu halten, zu lassen Nichts – gibt ...

Ist's denn verwunderlich, dass die Wirklichkeit sich nicht den Haken geschaffen hat, an dem sie uns hängen bleibt?

Stürme etwas aufbrechen – wie eine Wirklichkeit hinter dem Schleier des Windes ...

Mensch 3

Das Wort ja im Besonderen Luft zum Atmen braucht.

Die Macht des Worts zeigt sich nicht zuletzt dann, wenn man an ihm festgemacht wird.

Womöglich wird das Wort uns fürchten, wie wir bisweilen es.

Blätter, die bedrohlich wirken, sind in der Regel Menschenwerk.

Das stimmt! – hatte da einer tatsächlich die wahre Stimme vernommen?

Bestimmt ..., dröhnt es immer wieder – be-stimmt?

Das Versprechen laut-los eindeutig ist.

Einer war tot und lautlos, der andere lebte laut-los.

Die Rede sich selbst widerspricht, wenn sie verstummt?

Das merkliche Problem vieler Gespräche ist, dass sie nicht unmerklich geführt werden – geradezu ihre Unmerklichkeit.

Der fern-unendliche Punkt darauf insistierte, er in der Nähe jener der unendlichen Ferne sei.

Verdammt – schwierig, das Unverhüllte zu entdecken.

Das Überflüssige zu verfestigt zum Wegschwemmen war.

Mit Ecken und Kanten wird's zuweilen doppelt flach.

Eine Gerade verbindet zwei Punkte und - der Punkt - womöglich zwei allzu Gerade.

Der Schnittpunkt von zwei Geradlinigkeiten hat ja bisweilen zwei Punkte einer Geradlinigkeit zur Folge.

Die kürzeste Verbindung zwischen zwei Standpunkten ist die Gerade?

Vielleicht ist die Erde nur ein Punkt im All; vielleicht ist sie aber auch so etwas wie – der Punkt.

In der Tat - scheint - das Licht, wenn wir uns ins rechte stellen.

Ins Labyrinth wird meist geradlinig hineingegangen.

So greifen wir in die Tiefe, Oberfläche scheinen zu lassen; zur Oberfläche, wenn Tiefe ...

Die Doppelgesichtigkeit bräuchte ja eigentlich zwei Sonnen.

Das Durchschauen oft allzu undurchlässig ist.

Durchstreichen und durchstreichen sind zweierlei.

Der Bruch immerhin noch eine Kommazahl gewährt.

Der Fehler ist bisweilen auch, dass nicht nur Fehler zweimal gemacht werden.

Durchziehen lässt sich vieles, doch halt nur ziehen.

Die Schwierigkeit ist, dass wir bisweilen auf dem richtigen Gleis fahren und auf dem falschen stehen, seltener umgekehrt.

Der Stillstand nur wenig über den Stand der Stille aussagte.

Warfen sich die Endlichsten ihre Immer-Vorwürfe um die Ohren.

Jeder Kreis hat einen Mittelpunkt, indes jeder Mittelpunkt einen Kreis?

Der Mensch mag am Rand stehen, aber mit seinem Wesen in der Mitte; und er mag in der Mitte stehen mit seinem Wesen am Rand.

Die Mitte ist das einzige Wesen, das sich dort nicht aufhalten muss.

Sie machten sich zur Regelhaft.

Wenn die Ernsthaftigkeit überhaupt an etwas haftet, so am Spaß.

Es gibt eine Sorte Primitivität von allererster Letztrangigkeit.

Dummheit, die nach oben hin Gleichrecht einfordert, verweigert solches, trifft sie auf die Dummebene unter sich, rigoros.

Gleichgerichtete Ungleichungen massieren sich oft allzu sehr.

Die Attraktion der Öffentlichkeit hat ja etwas durchaus Verborgenes.

Das Alltagswörtchen ›durchaus‹ bzw. ›durch-aus‹ könnte gängigste Spekulation auf das Danach sein.

Gab's einen geheimen Sinn, der der festen Überzeugung war, durch-aus verständlich zu – sein.

Die Sinne uns zum Sinn hin umgaukeln?

Womöglich sollen wir durch Sinne in eine Sinn-los-igkeit hinaufgezogen werden, die sinnt.

Der Sinn verliebt sich nicht selten in die schönste Braut seines Eigensinns.

Die Behauptung, etwas sei sinngemäß, könnte schon ziemlich maßlos, besser: maß-los sein.

Der Sinn sucht, wenn er schon verloren hat.

Von der besonderen Verbreitung des Schwach-Sinns.

Der Gott ist uns nachempfunden? Doch, warum sollte er sich das nicht ge-fallen lassen?

Die Puppe gerät dem Wesen zum Geschöpf, dem Geschöpf das Wesen zur Puppe.

Maschinen sind der Hand abgerungen, dass sie sich selbst in die Hand nehmen ...

Vielleicht ist der Sinn ja auch – nicht, dass Materie sich zunehmend bewusst, sondern Bewusstsein immer mehr Materie wird ...

Das Humorige an unserem Spiel ist – dass wir glauben, schon eingesetzt zu sein?

Das Spiel ist, dass es bisweilen keines ist?

Der Freiheitsgrad ist nun mal auch ein Grat.

Die Frage ist nicht, was Erde ist, sondern: Wo wir uns gerne dazulegen ...

Die Natur der Erde ist eben auch, zu bedecken.

Unter der Erde ist über der Erde – ist doch über der Erde
schon so gut wie unter der Erde ...

Mensch 4

Unter der Erde ist über der Erde - ist doch über der Erde
schon so gut wie unter der Erde ...

Mensch 4

Die Dinge müssen an der Zeit, und die Zeit muss an den Dingen sein.

Nicht die Dinge verschaffen Unruhe, eher das Zwischen-Ihnen.

Zuweilen verfliegt die Zeit, als wäre sie nicht vorhanden; zuweilen nicht, als wären wir nicht vorhanden.

Es ist nicht chic, Zeit zu haben; noch weniger allerdings, keine mehr zu haben.

Es wäre schon eine phänomenale Illusion, dorthin greifen zu können, wo Zeit sich nehmen lässt.

Der so genannte richtige Zeitpunkt lässt etwas erahnen von der Verdichtung der Zeit in einem Punkt.

Der Baum lässt seine Blätter fallen?

Kalenderblätter fallen nicht von selbst ab.

Das Ver-rückte ist, dass sich in der Zeit ein Gefühl für die Zeit-los-igkeit entwickeln kann.

Ob ihrer Zeit-los-igkeit sollten sie sich nicht grämen – die in Vergessenheit geraten.

Wenn überhaupt etwas hinterlassen, ein Steinbruch sei's, auf einem Grabstein stand.

Der Grab- ein Nutzstein ist?

Nicht über jedem Grab blüht es.

Was sich zu Ende neigt, oft allzu gebeugt ist.

Warum stehen wir denn nicht zu unserer Ver-gäng-lichkeit?

Die Entsorgung des toten Leibs, Lehrstück auf die
Ent-sorg-ung des lebendigen Geistes?

Die Mumie signalisierte, dass es auch nach dem Tod ein
Sterben geben kann.

Die Ruhe ist ein hohes Gut – der Tod ...

Schlüssel zur Leichtigkeit des Lebens, sich von der Schwere
des Todes zu befreien; Schlüssel zur Leichtigkeit des Todes,
sich zu befreien von der Schwere des Lebens.

Der Tod will uns vielleicht nur anzeigen, dass wir ohne
Ende sind ...

Das Problem könnte sein, dass wir Särge normalerweise nur
schließen.

Wir werfen eine Handvoll Erde auf den Menschensarg;
Gott auf den Gottessarg?

Zuletzt wird auch die Erde ins Krematorium
geschoben – der Sonne.

Eine im Kern feurige Erde sollte auf Schlacken doch nicht
enden wollen.

Noch keiner hat die Erde ganz gesehen.

Über-sehen wäre indes eine bemerkenswerte Befähigung.

Die Über-zeugung schon einigermaßen transzendent sein
sollte.

Unser Auge blickt auch, wenn wir es nicht sehen.

Wir erfüllen uns Träume, doch sie – füllen uns.

So gibt's Steine, die in den Fluss geworfen werden, ihn zu entdecken.

Der Fluss erfrischt seine Ufer?

Das Ufer – die Welle der unbekannten Art?

Ein Ozean übers Festland spekulierte – bewiesen ihm seine Wellen doch nur das Ufer.

Der Überfluss vom Ufer im Besonderen so empfunden wurde.

Aller-wenigstes nicht Minderheiten zugesprochen werden sollte.

Es ist die Härte, die sich immer wieder an die Weichheit heranschleicht, endlich einmal angestoßen zu werden.

Wie sollte erschüttern, was - Selbst - nicht in Bewegung ist?

Die äußere Bewegung abbremsen, innerlich nicht stehen zu bleiben; die innere aufnehmen, äußerlich etwas zu bewegen.

Und immer wieder suchen wir ein Glück, das sich so womöglich nicht versteckt.

Die Vorstufe zum Unglück ist das gedachte Glück.

Glück birgt Unglück, Unglück Glück; dazwischen liegt das – Glück?

Sich auf, statt in etwas zu freuen, könnte das Problem sein.

Das Ein leicht zum Sein, das Sein zum Viel gerät.

Das ›Warum‹ käme wohl nicht auf die Idee, sich so beim Namen zu nennen.

So geistig, wie immer es sein mag – Wissen, das wir er-langen, ist letztlich technologisches.

Grundsätzliches leidet schon am Wissen um den Grund.

Die skeptische Grundhaltung sollte sich zunächst einmal am Grund versuchen.

Es war seine Grundüberzeugung, dass sich seine Existenz nicht ergründen ließe.

Wir nehmen uns gar zu existenziell, wenn wir uns der existenziellen Frage widmen?

Warum sollte die Existenz sich denn einen Grund suchen, den sie mit der Existenz bezahlen muss?

Die Existenzfrage schafft zwar keine Antwort, aber ein Wesen, das schafft ...

Kopflosigkeit einzig kopf-los neue Perspektiven eröffnet.

Kopflos - besser: kopf-los - wird uns die Erde dereinst ent-lassen ...

Selbst 3

Wir verlieren uns in etwas, um zu finden ...

Wir suchen das, was wir letztlich nie finden werden ...,
sollten wir daher das Finden sein?

Den Glanz an dem suchen, was normal erscheint.

Noch der stummste Gegenstand ist abgelauscht,
nur von was?

Gegenstände, die an völlig unerwartetem Ort auftauchen,
vergegenwärtigen uns den Ort.

Dass wir Menschen sind, hat außer uns ja bislang noch
kaum einer behauptet.

Der Mensch ist ein Versuch, der zum ersten Mal mitsucht?

Wir leben oft wie viele Menschen in einem; seltener, wie einer in vielen.

Der vorerste Mensch wäre ja wohl auch der vor-erste.

Wir müssen vom Menschen loslassen, zu begreifen, was er sein könnte ...

Er ist verborgen, der Mensch – dort, wo er nicht Mensch heißt ...

Vieles sehen wir erst, wenn wir's längst nicht mehr gesehen haben; manches längst, wenn wir's erst gesehen haben.

Wir sind uns Forderung, mag sein, doch eigentlich Herausforderung – nur aus was ...

Die Frage wäre, ob wir aus dem Selbst noch heraustreten können, ohne auf einen Menschen zu treten ...

Das Fragment ist als Ganzes Fragment; das Ganze als Fragment Ganzes.

3/4 werden erst im Takt vollständig.

Das Notenbild zwingt wie ins unabgebildete Selbst, technische Bewältigung ansonsten unmöglich wäre.

Die Zahl lässt auf der Stelle fortschreiten.

Zermarterten sich ob der Ziffer Null schon Zahlreiche den Kopf.

Das Kapital des Selbst ist, dass sein Mehrwert
Selbst-wert ist.

Es wäre schon ein Kapitalversprechen, bereichern zu wollen.

Eigentun macht frei.

Beste Bedeutung ist bedeutungs-los.

In die Bedeutungs-los-igkeit ist noch keiner abgesunken.

Das Vergehen wieder einmal den Sinn verfehlt hatte.

Was sich beim Vergehen beobachten lässt,
Unvergängliches ist?

Das Wegsein auch Weg-sein sein sollte.

Was nie vergeht, doch nur auf dem Weg ist.

Der Vorhang, der fällt, wäre erfunden, es dahinter nicht
Leben – Leben gar gäbe?

Ja, wenn das Verhängnis einmal hochgezogen werden
könnte.

Äußerliches Verhängnis innerlich, innerliches äußerlich
hochziehen.

Vielleicht ist der Mensch Gefangener, vielleicht der einzige
Freie; vielleicht ist er aber auch so etwas wie ein Gefängnis-
gitter, das zwar Innen und Außen kennt, indes doch nicht
so recht von der Stelle kann ...

Zwischen Auflösung und Erlösung sonderlich unterscheiden,
hindert vermutlich nicht unerheblich an der – Lösung.

Die keine Lücken hinterlassen, haben hineingepasst ins –
Leben.

Dass der Kopf sich einen Modus geschaffen hat zum
Nicht-Sein im Sein, es zum Sein zu bringen ...

Das Problem könnte sein, dass Sein und Nicht-Sein einander noch zu unvertraut sind, sich gegenseitig nicht mehr wahrzunehmen.

Warum erscheint uns schwierig, was wir ja gar nicht können?

Was in uns will denn alles Mögliche sehen, das wir doch nicht verstehen?

Das - Ist - kein Thema?

Das Problem der Kunst ist, sich abzugrenzen von dem, was sie nicht – ist.

Wunderlich, dass alles Mögliche wahr sein soll, das Sein gleichzeitig so wenig bekannt ist.

Vielleicht gehört es ja zur Größe des Seins, sich zu allerlei Definition freizugeben.

Den Reichtum des Seins beschert uns der Begriff,
andererseits die Begriffs-los-igkeit.

Weit droben sehen wir ein glitzerndes Licht, es als erloschen
zu erkennen.

Je weniger wir begreifen, desto mehr begreifen wir – schon
ein wenig unbegreiflich.

Bis in unsere Begriffe sind wir Greifwesen, in deren Wesen
es indes kaum etwas zum Greifen gibt.

Plötzlich das Begreifen fand – 7 Finger hat die Hand ...

Was sei, das ist? und Was ist, das sei?

Im Endlichen verbirgt sich womöglich ein Wesen, das wir
unendlich übersehen.

Was, wenn unser ›Klein/Groß gegen unendlich‹ auch nur von Menschenmaß bestimmt wäre?

Wir denken gern ins ›Kleinste/Größte gegen unendlich‹ und sehen dabei davon ab, dass es womöglich ein Etwas gibt, das die Sache exakt umgekehrt sieht: hin zum Endlichen.

Der ›Baum des Lebens‹ signalisiert vielleicht nicht ein einstmals unbewusst-glückliches Sterben, sondern ein Sterben als Freude am Endlichen.

Dass ein sterbliches Wesen die Unsterblichkeit denkt, Indiz darauf sein könnte, ein unsterbliches die Sterblichkeit im Sinn hat?

Die große Verführung sein könnte, in der Grund-los-igkeit noch Grund zu suchen ...

›Auf Grund laufen‹ schließlich ein Unglück ist.

Grund-los-igkeit hat noch jeden Schöpfergott von hinten überrascht.

Grund-los geht keiner zugrunde.

Der Mensch hat den Grund ja vielleicht nur deshalb erfunden, weil er einen Abgrund zu erkennen glaubt.

In den Ab-grund stürzt es sich nicht zu Tode.

Wer sich - Selbst - an die Hand nimmt, die Erde loslassen muss ...

Wer Gott, das Selbst loslässt, der kommt beim nackten Sein an, das er doch nie verlassen hat ...

Das Selbst loslassen, neigt zum Existenzialismus, gar Anarchismus des Menschen; den mathematischen Beweis aus seiner Selbstevidenz lösen zum Existenzialismus/Anarchismus des Gegenstands?

Selbst, das ins Sein kristallisiert, lebt; Sein, das ins Selbst kristallisiert, tötet ...

Sind wir Grenzsteine allen Fragens oder Fragen an alle Grenzsteine?

Gedanken sind ja auch nur Köder, ein Stückchen Wirklichkeit wieder in den Fluss zu werfen ...

Denkbar, dass wir nicht nach rechten Antworten, sondern erst noch nach der großen Frage suchen.

Wir neigen bisweilen dazu, das Fragezeichen zum Selbstzweck unserer Existenz zu setzen, auf dass die Existenz zu sehr zum Selbstzweck des Fragezeichens gerät ...

Und womöglich reicht all unser Gott ja doch nur – einen Erdwurf weit ...

Der Autor:

Geb. 1955 in Duisburg-Ruhrort, Dr. phil.; seit 1987 tätig beim Stadtarchiv Mannheim, Fachbereich Museen und Archiv. Zahlreiche Veröffentlichungen und Vorträge zur Wissenschaftsphilosophie/ -geschichte, Stadt- und Regionalgeschichte sowie im Genre des philosophischen Aphorismus.

Hanspeter Rings
Knapp über der Erde • Aphorismen
Mit Bildern von Norbert Nüssle

Hanspeter Rings: *Knapp über der Erde.* Aphorismen
Mit Bildern von Norbert Nüssle
Mannheim 1997
Verlagsbüro v. Brandt, D-68229 Mannheim
ISBN 3-926260-39-4